I0123088

Conférences Socialistes

PAR

Augustin JULIEN

PRIX : 0.25 Centimes

LES SAMARITAINS MODERNES — QUI SOMMES-NOUS ?

LE PRINCIPE D'ASSOCIATION

LE DROIT NATUREL — LA LOI DU PARALLÉLISME — LE LOPIN

LES EMBRYONS — QUI ÊTES-VOUS ?

Sur la demande de nombreux camarades, j'ai coordonné les notes éparses qui ont pu me servir pour les conférences que j'ai données dans près de 200 communes de l'Hérault. J'ai résumé dans cette brochure la substance de mes pensées.

Les lecteurs y découvriront le seul désir de pénétrer la vérité et si nous n'en donnons pas la formule intégrale, du moins on verra un soin précis dans nos travaux et l'exaltation d'une foi profonde !...

A. J.

1. LES SAMARITAINS MODERNES

Le Socialisme, longtemps décrié et méconnu, conquiert aujourd'hui le monde, en s'étendant de plus en plus dans les cerveaux, dans les faits de la nature, dans les actions des hommes.

Le rêve, l'utopie de jadis se durcit, se cristallise, devient palpable aux doigts et visible aux yeux de tous.

Nul ne peut aujourd'hui le nier et le méconnaître. Il est partout; il inonde tout; voyez tout ce qui se dit, se fait, s'écrit: tout est imprégné de ce Socialisme, ridiculisé il y a peu d'années encore.

Oui, l'idée marche comme le temps qu'on ne peut arrêter, comme la vitesse du son et des rayons solaires. Et, à l'heure actuelle, dans tous les esprits, grandit un orbe immense, illuminé des plus purs rayons et des clartés les plus intenses. C'est, dans la lumière et dans la joie, la vision de la course de notre planète vers le bonheur par la vérité et par l'amour; et au milieu de ce tracé orbiculaire, voyez, en plein rayonnement, cet astre flamboyant qui resplendit et éclate; c'est le soleil de la Justice qui se lève enfin sur les mondes régénérés!...

Il n'est pas bien loin le temps où personne n'osait se dire Socialiste, où ce titre était mal considéré.

Ces temps sont bien changés. Combien, aujourd'hui, qui sont venus à nous, et combien qui, sans grand discernement parfois, se targuent d'être plus Socialistes que le voisin.

Mais il ne faut pas se payer de mots; le mot ne suffit pas; il faut étudier, préparer, vouloir la chose.

Dans cette nature immensément féconde, où pullulent plus de richesses qu'il n'en faut pour satisfaire tous les besoins même les plus exigeants, il faut vouloir instaurer une humanité où le bonheur de chacun résidera dans le bonheur de tous par le triomphe du travail que l'extension du machinisme, de la science agricole et métallurgique rend de moins en moins pénible et de plus en plus productif. Il faut créer une Société toujours plus belle, plus douce, plus pure, rendue toujours plus prospère, dans la fécondation sans cesse grandissante des fruits du travail réorganisé sur des bases modernes et produisant des richesses à l'infini que tous pourront consommer à satiété.

C'est par milliers que les adeptes viennent à nous. Et au milieu de mille bassesses ambiantes, c'est pour nous un grand soulagement de voir les plus grands penseurs, les savants du monde entier, les professeurs les plus honorés, les artistes, les lettrés, tous ceux qui ont la perception et le sens critique développés, être les premiers et les plus nombreux à proclamer la vérité de nos doctrines. Ils font la Révolution internationale de la pensée; de même qu'au 18e siècle, les savants tels que J.-J. Rousseau, Diderot, D'Alembert et les autres encyclopédistes avaient par leur propagande préparé la Révolution Française dont à juste titre nous sommes fiers, mais aussi, il faut le dire, dont nous sommes souvent peu dignes dans la lamentable veulerie d'une descendance apathique, ingrate, pourvue d'un égoïsme qui comprend mal ses intérêts.

Ces adhésions qui sont le fruit de la science et de la raison, sont pour nous une grande consolation.

Mais c'est aussi pour nous une injure atroce que de voir encore parmi nos adversaires, — souvent les plus acharnés, — tant de travailleurs, de malheureux comme nous, plus malheureux et plus esclaves que nous même, et qui nous méprisent dans la plus ignorante et la moins réfléchie des haines. Et pourquoi? parce que nous voulons les éclairer, les affranchir, les sauver, dans une large pensée de libération pour tous les êtres humains, que nous appelons, sans distinction de race, d'origine, de religion, à respirer à pleins poumons le grand air de la délivrance et de la liberté.

C'est là la plus cinglante amertume des pâles propagandistes que nous sommes !...

Ils se disputent dans tous leurs villages, les malheureux, pour de misérables questions de personnalités ou de clocher. Ils n'écoutent que les excitations intéressées du petit personnage influent ou les exhortations des plumitifs mercantiles de la presse presque toujours immonde; ils font mille bassesses pour une faveur insignifiante ou pour des médailles et des décorations qui n'amuseraient même pas un gamin de 5 ans.

Oh, frêles êtres, que vos meurtrissures corporelles et spirituelles rendent encore plus tremblants, pauvres prisonniers inconscients de l'ignorance, avec tout son cortège de croyances et de préjugés anciens ! — vous pouvez nous haïr et, aveuglément, nous mépriser ; vous pouvez être de n'importe quel parti et de n'importe quelle religion, vous ne pourrez empêcher personne de proclamer, à travers vos puériles querelles, au-dessus de vos villages, au-dessus des frontières, qu'il ne doit, de plus en plus, y avoir qu'un seul parti et qu'une seule religion: la religion et le parti de la conquête du bonheur !...

Oui, notre haine entre mêmes travailleurs, entre mêmes producteurs, n'a pas de sens.

Écoutez cette anecdote:

Par un triste après-midi d'hiver, un homme convenablement vêtu, mais sans richesse, la mine satisfaite, comme celle d'un petit propriétaire qui momentanément ne souffre pas trop de son sort, rencontra, affalé à la borne d'un chemin, un vieillard qui pleurait, un pauvre hère, à peine vêtu de sordides haillons, avec, sur le visage, l'expression d'une douloureuse angoisse.

Il s'arrêta.

— Pourquoi pleures-tu, demanda-t-il?

Le vieillard d'une voix étranglée, répondit :

— Je pleure parce que je suis abandonné de tous et de tout. Je pleure parce que je ne mange que rarement, quand de temps à autre, on veut bien me donner une croûte de pain ; je pleure parce

que je n'ai pas mangé depuis hier et que, si cela continue, je vais
bientôt mourir comme un chien au bord de quelque fossé, sans
un ami, sans une parole qui console, sans un regard qui calme la
souffrance.

— Pauvre homme, je te viendrai en aide, répliqua le passant
rempli de pitié !

Reconforté par cette promesse et pris de ce besoin d'expansion
qui pousse toujours le malheureux à parler de sa douleur, le vieillard, alors, continua.

— Depuis ma naissance j'avais vécu dans le village où je suis
né. Mais à mes derniers ans, j'ai vu que tout de même ça n'allait
pas pour les travailleurs. Aux dernières élections, j'ai trouvé que
le candidat Socialiste parlait suivant mon cœur et j'ai voté pour
lui. Mon patron l'a su, il m'a renvoyé, personne n'a plus voulu
m'employer. Alors j'ai dû partir de mon village, que je n'avais
jamais quitté. Ailleurs on m'a trouvé trop vieux, on ne veut plus
de moi parce que je suis trop courbé et trop cassé et qu'il y a des
jeunes plus qu'il n'en faut, maintenant que les machines, les crises
et les méventes suppriment le travail. Et je vais mourir parce que
le froid et la faim finissent d'ankyloser mon corps déjà glacé,
maintenant que je n'ai plus de pain et que je couche dehors.

A mesure qu'il parlait, le visage du passant s'était transformé.
Ce langage raviva dans ce dernier une ancienne animosité ; il se
disait républicain, radical même, mais il avait comme tant d'autres, par passion irréfléchie, sans trop comprendre pourquoi, la
haine des Socialistes.

Alors, méchamment, il répondit :

— Ah, vous aussi, vous êtes un sale Socialiste. Eh bien, allez
dire aux Socialistes qu'ils vous nourrissent. Votre patron a bien
fait ; ce qui vous arrive, vous ne l'avez pas volé !

Et sur ces paroles inhumaines, il tourna les talons et s'en alla
en sifflotant.

Le lendemain le vieux mourut, un peu plus loin, sur sa route
de misère où l'ignominie de l'ignorance, un instant, avait passé !..

C'est là, de nos jours, une histoire commune. Quel signe méprisable de nos temps douloureux !

Ainsi, pour espérer un peu plus de bien être, pour croire à la possibilité de la fraternité universelle, les travailleurs sont maudits et affamés; y-a-t-il crime, toujours, à pousser à l'amour du prochain?

Que de dédain amassé sur la croyance, cependant bien légitime, des déshérités; que de colères, que de mépris sur la tête de ceux dont le lot est de toujours souffrir, et pour créer le luxe des autres, encore !

Et quel tourment pour le penseur en plein 20e siècle de voir continuellement se renouveler cette scène qui illustre les livres bibliques de cette Samaritaine profondément belle, aux yeux étincelants, à la longue chevelure d'or, refusant de sa main gracieuse, le verre d'eau limpide de sa cruche si fraîche, au pâle initiateur de Nazareth, ce simple précurseur dont on a fait plus tard un Dieu pour spéculer sur sa morale; celui qui, altéré de Justice et de Vérité s'épuisait à prêcher l'amour du prochain, l'avilissement des richesses, le mérite des pauvres gens dans les plaines brûlantes de la Galilée et de la Judée !

Pourquoi tant de mépris ? Est-il justifié ? Quels sont ces frères ennemis, quels sont ces modernes samaritains ? Oui, voyons, qui sommes-nous et qui êtes-vous?

Écoutez-nous, je vous en supplie, et je pense que vous verrez que nous sommes la même chose, que nous aspirons aux mêmes choses, que des équivoques seulement nous séparent, que la logique des événements dans les progrès de l'esprit nous réunira, et qu'en attendant le règne de l'absolu dans l'infini de l'idéal, si nous le voulions, nous obtiendrions, tout de même, à peu près tout ce que nous désirons.

II. -- QUI SOMMES NOUS ?

Oui, qui sommes nous ?

Sommes-nous donc des êtres malfaisants et indignes, et venons-nous jeter le trouble dans les esprits, le désordre dans les
faits et les choses, la tristesse dans la paix des temps contemporains? venons-nous arrêter je ne sais trop quelle envolée des
âmes vers le bonheur progressif et vers une libération im-
manente ?

Non, nous restons dans la tradition du progrès incessant.
Nous ne faisons que continuer l'effort éternel de tous les esprits
passés qui ont aimé la justice et rêvé le bonheur; nous laissons
seulement aller notre cerveau aux investigations raisonnées dont
il est altéré, dont il devient de plus en plus avide. à mesure qu'il
se transforme et qu'il s'illumine en bénéficiant des progrès des
civilisations antérieures.

Et cela nous conduit, - nous allons essayer de le démontrer,
avec la confiance que nos recherches vous satisferont, à jeter une
lumière intense dans les idées, l'ordre et l'harmonie dans les
choses, la joie dans la turbulence éplorée de ces temps-ci; cela
nous conduit à un essor réel des âmes, envolées vers les splendeurs
et les félicités des régions supérieures de la pensée. Nous sommes
des Socialistes. Qu'est-ce donc que le Socialisme ?

C'est une doctrine purement économique tendant à modifier
un vieux système de production et de répartition des richesses :
un système que nous ont transmis les Sociétés les plus reculées
et les plus autocratiques, qui ne s'est pas modifié, conformément

aux modifications survenues dans la nature, dans les aspirations, dans les besoins des peuples; qui, par suite ne convient plus aux conditions nouvelles du travail: ce système devenu défectueux et nuisible subsiste pour le malheur des générations présentes dans une période où la science, le machinisme, réclament un autre mode de production.

Ce système suranné, non progressif, non scientifique est la cause de mille maux, il engendre et perpétue la misère au milieu de trop de richesses, il crée la douleur et l'angoisse dans une nature féconde, riante et poétique et qui nous devient marâtre par notre faute, parce que nous ne savons que nous envier, nous haïr, parce que nous ne savons pas, nous ne voulons pas nous entendre et nous aimer !

Oui, il faut bien l'avouer, quand tout nous convie à la solidarité, quand le bien-être s'offre à tous, nous ne sommes que des aveugles, des ignorants et des méchants. Nous nous disputons pour des puérilités, et ne voulons pas étudier les problèmes sérieux. Nous flattons nos persécuteurs, nous léchons le fouet qui ensanglante nos chairs, nous baisons la pierre qui nous lapide, nous trouvons juste qu'il y ait des pauvres qui travaillent comme des bêtes de somme, pour le profit de spéculateurs qui ne font rien et laissent pourrir leur surplus de richesses restant sans destination; nous glorifions les grands conquérants qui ont massacré et torturé des nations entières de travailleurs comme nous; nous voulons qu'on souffre, qu'on fasse souffrir, qu'on massacre, qu'on rouvre les plaies, qu'on déverse le sang si généreux de la pure jeunesse !

Nous sommes plus ou moins tous malheureux, mais nous sommes de grands misérables, car c'est notre entêtement stupide, c'est notre sens philosophique et moral qui crée notre propre détresse. C'est nous qui sommes les sombres fossoyeurs de notre propre tombe !

Le Socialisme n'est point une découverte spontanée ; ce n'est pas une invention récente.

C'est le résultat des forces philosophiques exprimées dans la suite des siècles. C'est le résumé de la raison humaine, secrété par les longues discusions des âges précédents. Dans le creuset des siècles, c'est le faible élément qui demeure de l'analyse des meilleures formules et nous pressentons que ce faible élément constitutif, qui est pour nous comme une essence subtile de vérité, deviendra un jour plus prochain qu'on ne croit, par ses vertus enfin connues et utilisées, au dessus des glèbes fécondées, l'extrait du bonheur et de la fraternité universelle.

Le Socialisme est une nouvelle économie politique, ayant pour base des associations concourant au travail général afin de donner à la production un accroissement maximum pour que tout surabonde et afin que tous puissent, suivant leurs goûts, leurs tempérament et même leurs besoins, jouir du produit intégral du travail produit et des richesses créées.

Et si on veut bien étudier nos doctrines, – elles en valent la peine, – nos méthodes d'organisation future du travail, on voit bientôt que la production, de plus en plus mécanique, tend à la création de richesses indéfinies et à la suppression presque totale de l'effort humain désormais remplacé par l'effort de la machine et l'aide de la science dans les domaines industriel et agricole.

Le but du Socialisme est donc l'accroissement illimité des richesses, le concours de tous à cette production surabondante et, logiquement, la répartition de l'ensemble de ces richesses à ceux qui les auront produites, c. à. d. à tout le monde d'après le mécanisme naturel du travail futur organisé.

Son moyen est l'association.

Son mobile, c'est l'horreur de la misère, de ses atrocités, de ses angoisses, c'est la haine du vol sous toutes ses formes et de l'oppression, sous toutes ses justifications trompeuses de propriété, d'ordre, de politique et de gouvernement.

Son désir est la disparition des inégalités économiques par lesquelles les uns s'escriment à travailler sans jamais être sûrs du pain quotidien et les autres souvent sans travailler, jouissent de tout à satiété et ne peuvent même dépenser leurs ressources de plaisirs qu'ils laissent inemployées après les avoir ravies au travail de leurs semblables qui, eux, manquent de tout.

Son vœu est la récompense du travail qui crée toutes les richesses c.-à-d. la source de toute joie, alors qu'aujourd'hui c'est le travail qui est avili en subissant tous les fardeaux et que l'oisiveté et les richesses mal acquises, transmises héréditairement, souvent au moins doué, au moins méritant des hommes, sont glorifiées en profitant de tous les avantages et de tous les privilèges.

Sa croyance, c'est la conviction raisonnée, déduite des faits, d'un bonheur possible pour tous; c'est la certitude qu'il y a sur la terre un large bien-être pour tous les hommes sans qu'il soit nécessaire que les uns volent la part des autres.

Et c'est au nom de tous ces sentiments et de toutes ces convictions que nous voulons amener le Socialisme, la fondation enfin, après des âges pitoyables d'esclavage matériel et spirituel, de cette fameuse Jérusalem de bonheur et d'amour depuis si longtemps promise aux humains et que j'espère, ils ont bien gagnée!...

III. — LE PRINCIPE D'ASSOCIATION

Le Socialisme est donc tout entier résumé dans ce simple mot magique : l'Association ; l'association de tout et de tous, de tous les efforts, de toutes les ambitions, de toutes les pensées, de tous les sentiments, comme aussi de toutes les récompenses au banquet de la vie future !

Il ne faut plus que les hommes soient des *isolés*, livrés à eux-mêmes, dans le système existant d'un individualisme improductif, mais ils doivent devenir des *associés* dans un système nouveau où le bonheur de tous sera la condition du bonheur de chacun.

Et pourquoi cela ?

Tout simplement parce qu'aujourd'hui nous ne pouvons plus faire différemment, parce que tout tend à l'association. Sans elle, c'est la misère prochaine pour tout le monde, ce sont les chômages, les crises, les méventes ; les estomacs vides, les membres glacés, les yeux inondés de larmes, le désespoir dans toutes les familles, et après cela, la rage et la folie dans tous les cerveaux, jusqu'au jour où l'ensemble de ces angoisses pousserait les hommes à la violence et peut-être à une révolution terrible, si on ne met enfin ordre aux antagonismes de notre Société, si on n'empêche pas cette révolution menaçante par des changements profonds dans les conditions économiques des nations.

Et le socialisme, aujourd'hui organisé avec le même but dans tous les pays, est le seul parti qui nous propose un projet de rénovation sociale tendant à combattre le mal actuel et à empêcher les désordres futurs menaçants : de sorte que nous, qui sommes si souvent accusés d'être des révolutionnaires, des incendiaires et des pétroleurs, nous devenons plutôt les défenseurs de l'ordre en signalant le désordre imminent, en le prévenant, en voulant l'éviter, en nous efforçant justement d'empêcher, par l'organisation et l'entente, cette Révolution suspendue sur nos têtes.

Les vrais révolutionnaires, ceux qui veulent la Révolution inévitable, ce seraient au contraire les capitalistes, les grands spéculateurs qui sont cause d'une misère toujours plus profonde. C'est leur rapacité vorace, anti-humaine qui conduira les persécutés à la Révolution quand le peuple manquera de tout, quand les gros bourgeois qui nous accablent avec des épithètes que la logique retourne contre eux, auront tout pris, tout sucé, tout volé aux travailleurs et aux petits producteurs.

Le Socialisme existe en définitive partout : la forme collective du travail se retrouve sous mille exemples dans le commerce, l'industrie et les gouvernements qui ne peuvent se passer d'elle ; elle tend à se généraliser dans tous les aspects de l'activité humaine.

Dans toutes les villes les petits boutiquiers, les petits ateliers disparaissent, périclitent journellement. Il n'y reste plus que quelques grands magasins et usines qui prospèrent toujours au détriment des petits et ces derniers se voient de plus en plus dépossédés et obligés dès lors, d'aller demander pour vivre un emploi à ceux-là mêmes qui les ont dépouillés.

Dans les villages même, les petits commerçants qui, jadis vivaient convenablement, reçoivent un contre-coup formidable des nouvelles formes de production et de vente. Avec les transports nouveaux avantageant surtout les gros échanges, avec les facilités accordées au gros commerce, et la commodité des relations et des voyages, on va s'approvisionner à meilleur compte dans les grands magasins qui, eux, suppriment les intermédiaires, achètent en gros directement aux producteurs, et vendent dans des conditions spéciales de bon marché.

Nous verrons un peu plus loin la lutte inégale entre la grande et la petite propriété agricoles qui présentent les mêmes observations.

De nos jours, les gros possesseurs s'enrichissent au détriment des petits. Dans le commerce plus particulièrement il y a une forte tendance à voir progresser et se généraliser le système d'expropriation du petit par le grand. Et ces grands magasins, ces grandes usines, ces sociétés ou compagnies disparaîtront à leur tour pour aller se fondre dans d'autres ayant une exploitation encore plus grande.

Ce phénomène de destruction progressive est nettement visible.

Les tout-petits ont disparu presque partout, puis des sociétés ont rassemblé ceux qui étaient devenus gros pour ne former ensuite que de vastes associations commerciales et industrielles, maîtresses du marché. Et quand elles subsisteront seules, elles se réuniront encore pour former de gigantesques trusts, englobant le mouvement commercial de plusieurs nations.

Ainsi le marché, le salaire sont sous la direction de ces grandes associations. Elles achètent comme elles veulent et rémunèrent les employés suivant leur caprice, puisque c'est sur leurs agissements que se modèlent les lois du travail et de la concurrence.

Elles détruiront même peu à peu, tout le petit patronat. Elles sèment sur le monde les germes d'une seule humanité de mercenaires à leur solde. Elles refont l'esclavage sous une nouvelle forme dans une immense exploitation criminelle, où, s'il ne se révoltait à la fin, toute liberté, même celle de manger au milieu de richesses infinies, serait supprimée à l'homme devenu le plus misérable des êtres.

Et ce sont les gros bourgeois eux-mêmes ou leurs défenseurs inconscients qui nous reprochent notre idée d'association, qui sous le nom de collectivistes et de communistes, dont ils ne veulent pas comprendre le sens, nous considèrent comme des malfaiteurs et des exaltés dangereux !

Et une masse de malheureux -- éternels ignorants ! — bénissent les mains qui leur rivent constamment de nouvelles chaînes !

Mais elle existe partout maintenant, dans le mouvement moderne, la forme collective et communiste. Elle n'est donc pas inapplicable. Elle est neuf fois sur dix la tournure que doivent prendre toutes les exploitations nouvelles.

Quand une crise atteint profondément un pays, que tous recherchent les moyens de sauvegarder leurs intérêts compromis, les solutions préconisées par le plus grand nombre pour remédier aux maux du moment, aboutissent presque toujours à des procédés d'ordre collectif : formation de syndicats et de coopératives pour la sauvegarde d'intérêts communs, monopole des transports, monopole de l'alcool, monopole de ci, monopole de là ; rachat des chemins de fer, création de grands canaux continentaux, utilisation des chutes d'eau et des autres forces naturelles. Toutes les grandes solutions trouvées en ces derniers temps, ont un tour collectif. Depuis peu d'années, plus particulièrement dans toutes les grandes questions mises à l'étude et dans toutes les variétés de l'activité humaine, on est amené à ne plus traiter que des grandes questions où des milliers d'intérêts particuliers sont confondus dans un vaste réseau d'intérêt général. C'est fatal, qui peut le nier? C'est la loi nouvelle imposée par la nature elle-même dans ses changements et ses variétés à travers les siècles de progrès scientifiques. Et nous ne pouvons rien y faire, rien y modifier. Nous ne pouvons seulement que constater que c'est là, même en dehors des hommes et des gouvernements la marche de la civilisation à travers le temps, planant au dessus des pâles efforts des faibles humanités. Contre la fatalité notre résistance est impuissante, c'est la goutte de pluie qui tombe sur le rocher compact de la montagne immuable.

Pour des intérêts individuels immédiats souvent contraires aux intérêts futurs et indéfinis communs à tous les hommes, on arrache du socialisme, une grosse majorité de demi-miséreux qu'on épouvante par des mots bien simples en somme, et dont on exagère la signification dans le sens le plus mauvais.

A des malheureux qui produisent des millions et auxquels

on ose donner jusqu'à 1 fr. 75 par journée de travail pour nourrir toute une maisonnée on ose dire : Paysan, ouvrier, les collectivistes et les communistes sont les ennemis de la société et des travailleurs. Ils veulent tout chambarder, ils veulent votre mort. Gardez-vous d'eux, braves gens, comme de la peste et du choléra.

Et ces malheureux nous repoussent et parfois nous accablent d'injures !...

Réveille-toi, peuple, réveille-toi ! L'esprit humain a trop dormi dans les ténèbres du passé. Dresse ta tête vers le soleil nouveau pour que soient fécondés dans ton cerveau les germes de toute joie !... Dresse-toi, malheureux accroupi dans la tourbe et le limon à la voix des frères libérateurs !...

Oui, le collectivisme et le communisme sont partout, mais accaparés par de grands voleurs pour créer la misère et la ruine !

Ils existent parfaitement déjà de nos jours mais seulement au profit de la classe capitaliste qui draine toutes les richesses en affamant ceux qui les produisent du travail de leurs muscles et de leur cerveau. Ils existent, mais mal compris, déviés de leur but, contraires à leur règle philosophique intrinsèque et nous voulons tout simplement en modifier les effets incompris pour sauver l'humanité, pour récompenser les peines nécessaires ; et même, — ô petits bourgeois qui êtes illogiquement nos adversaires et vos propres ennemis, — pour garantir les intérêts chancelants des petits propriétaires, pour vous éviter des catastrophes imminentes, pour vous conserver ce minime bien qui peut vous rester encore, pour vous donner même un bien-être plus grand.

Qui peut nier que tout tende à l'association ? Le travail isolé du pauvre diable sans ressources aussi obstiné qu'il puisse être est, à l'heure actuelle, ridiculement impuissant.

Le pauvre laboureur avec sa bêche primitive, s'exténuant à retourner son champ, sera un improductif, un insignifiant à côté de la charrue électrique de demain si nous la laissons comme toutes les autres inventions aux mains du riche qui dans le même laps de temps fouillera des kilomètres de terrain.

Donc il faut que nous nous habituions à cette idée : au lieu de rester des *individuels* nous devons devenir et le plus tôt possible, *par la liquidation sociale de tous les privilèges passés*, des *associés*. Mais non pas dans le sens que comprennent les grandes sociétés d'aujourd'hui qui donnent aux uns un morceau de pain et gardent pour quelques rares avantagés la totalité de la plus-value du travail c'est-à-dire la presque totalité des richesses créées par tous.

Et c'est là, justement, la majesté des aspirations socialistes. Si l'ensemble des travailleurs crée des richesses inépuisables, si une organisation plus rationnelle du travail peut donner à la production une extension encore plus grande par la suppression des pertes de temps et des rouages inutiles provenant uniquement de notre organisation individualiste et exclusiviste du travail —il faut que ces richesses toujours accrues n'appartiennent pas à quelques-uns qui rationnent et en privent les autres, et les gaspillent devant des masses d'affamés et de miséreux, mais deviennent la propriété, soient livrées à la jouissance de l'ensemble des travailleurs.

Nous n'inventons rien. Nous voulons seulement continuer ce qui existe en le modifiant profondément et en l'adoptant aux règles nouvelles des Sociétés. Nous ne faisons que nous conformer à la loi fatale du progrès qui veut conduire les humains à la possession des droits naturels pareils pour tous : *droit à l'existence* d'abord, et, ensuite, — par une perfection progressive dans les actes du temps indéfiniment perfectibles, — *droit au bonheur* toujours possible suivant la capacité graduelle des civilisations qui se succèderont jusqu'au bonheur intégral, apogée et limite de l'infini des temps...

Nous voulons créer toujours plus de richesses ; mais au lieu de les laisser tomber et enfouir dans les coffres-forts de quelques millionnaires, nous voulons les répandre partout, à satiété, à la disposition de tous, comme une moisson d'or et de diamant, de lumière et de joie intégrale !...

Ainsi, de tous les cœurs et de toutes les affections, nous ne

formerons plus, dans l'humanité toute entière, qu'un seul cœur et qu'une seule affection. Une ample ondée égalitaire de joie pure et de saine allégresse sera répandue sur tous, comme les couleurs et la chaleur d'un soleil nouveau : soleil principal de justice et de fraternité, astre unique et essentiel, à la fois primordial et final, indivisible dans l'espace et dans le temps !...

IV. — LE DROIT NATUREL

Nous affirmons que le droit naturel est odieusement trahi.

En effet, un homme naît semblable à un autre homme sur une terre qui est toujours la même, que nul individu ne peut avoir créée, dont on ne peut fabriquer des portions, dont on ne peut changer, emporter des fractions. Aux temps primitifs, le sol n'était pas fécondé : sa fertilité actuelle est le fruit du travail des hommes et plus ceux-ci ont travaillé, plus il a produit. La terre est éternelle, tandis que ses fruits naissent et meurent avec les générations qui les ont suscités, ils sont donc non pas, à vrai dire, les produits de la terre, mais bien plutôt ceux du travail, et ils devraient logiquement appartenir aux travailleurs seuls.

La terre ne peut être changée, transformée, supprimée ; on ne peut la consommer ni la détruire ; elle n'est pas d'une seule génération, elle est de toutes les époques. Donc, logiquement, nul ne devrait pouvoir se flatter de la posséder. Donc la terre n'appartient à personne, parce qu'elle fut toujours à tous et qu'elle ne peut disparaître, s'user ou se modifier de par la volonté des hommes dont les efforts et les désirs sont impuissants sur sa composition, sa puissance, son mouvement.

Par ce fait que la terre se révèle avec cette caractéristique d'immortalité devant les hommes si vite disparus, nous dirions plutôt que l'homme appartient à la terre.

Ce qui est propre à l'homme, c'est le fruit de son travail, car s'il ne travaille pas, il ne produit pas : la terre est stérile et inféconde. Et ce qui doit vraiment nous appartenir ce sont les fruits

totaux de notre travail propre; et quiconque ne travaille pas ne devrait rien posséder ou ne devrait avoir rien que ce que les travailleurs, par commisération, voudraient bien lui donner.

Nous ne possédons réellement que ce dont nous pouvons disposer à notre gré. Or la terre, et non pas les hommes, dirige d'elle-même tout ce qu'elle renferme et le métal, la pierre, la chaleur, le feu, l'eau, la lumière, que nous sommes incapables de créer, qu'elle seule crée et possède, partent d'elle depuis le commencement du monde et retournent en elle jusqu'à la fin des temps.

Dans ces conditions, peut-il y avoir des raisons pour que quelques-uns s'approprient l'ensemble des richesses que la Nature offre à tous, et qu'elle n'a pas voulu réserver seulement pour une catégorie d'individus? La terre semble dire aux hommes: «Je suis « immensément féconde, je possède dans mon sein le bonheur de « l'humanité». Et il est injuste de soutenir que les uns doivent avoir un bonheur intégral et les autres la misère continuelle.

Il est de plus en plus illogique d'admettre sous des raisons spécieuses de privilèges acquis, que certains qui ne travaillent pas ou ne travaillent pas plus que les autres puissent accaparer le résultat du travail de tous, laisser aux autres tout juste de quoi ne pas mourir de faim et leur voler la plus-value de leur besogne.

Et pour en finir avec cette discussion un peu aride, mais cependant utile, écoutez encore et méditez bien ceci:

Un travail, fait *à un moment donné*, crée des produits qui disparaissent, pour la plupart, bien avant que le producteur soit mort. Pour créer un produit semblable, *dans une autre période*, il faudra d'autres producteurs destinés à satisfaire d'autres consommateurs; et les ancêtres morts depuis longtemps, n'auront eu naturellement aucune influence ni aucune part sur les fruits nouveaux.

Pourquoi, alors, un seul individu par des systèmes transmissibles de possession, par des droits incompréhensibles d'hérédité qui s'appellent propriétés, monnaies, titres, etc., — excipera-t-il du travail antique d'un nombre considérable de spoliés *morts depuis des siècles*, dont les fruits ont disparu comme eux, pour s'emparer des fruits nouveaux, profitant ainsi des souffrances des générations passées pour voler le résultat des peines des générations existantes.

Quel est ce droit au sens moral ? Quelle est cette justice? Au nom de quoi subsiste ce vil esclavage? Pourquoi les plus-values prélevées pendant des siècles sur tous les esclaves passés, servent-elles encore aujourd'hui à maintenir un esclavage identique ?

Cela est monstrueux et révolte la pensée et la conscience.

Tenez, supposez que le système capitaliste, centralisateur et accapareur de nos jours subsiste longtemps encore, et demandez-vous à quoi pourrait un jour servir la richesse d'un Rotschild. Elle ferait la pluie et le beau temps sur les marchés commerciaux; elle pourrait susciter encore mieux que de nos jours, des méventes, des crises, des ruines effroyables dans tout un pays; elle pourrait affamer des légions de malheureux et enlever leur pain même aux travailleurs.

Donc dans 1000 ans par exemple, voilà des gens qui ensemenceront, laboureront, cultiveront, feront un pain dont aucun élément, aucun germe n'est encore existant et voilà un monsieur qui déjà *10 siècles auparavant* a des droits sur ces richesses futures, dont la situation est telle qu'il dominera par sa descendance pendant ces 10 siècles, dont l'action est telle qu'il peut être considéré moralement comme pouvant d'ores et déjà enlever de leur bouche le même pain que des gens encore pour longtemps dans le néant, fabriqueront dans 1000 ans d'ici !

Certes si la terre ne produisait pas assez pour tous ses enfants, nous comprendrions, nous admettrions qu'il fût nécessaire qu'il y eût des pauvres pour que d'autres puissent être riches; que certains manquassent du nécessaire pour que d'autres eussent le superflu. Rien ne serait plus naturel, nous n'aurions qu'à accepter cette injustice *«sine qua non»* et nous n'aurions pas à nous plaindre d'être pauvre, dans l'ambition légitime de pouvoir un jour être riche.

Mais il n'en est point ainsi. Il y a plus de produits qu'on ne peut en consommer et il est possible d'en fabriquer 50, 100 fois plus encore.

Voilà la base du problème, voilà ce que ne calculent pas les négateurs systématiques de notre doctrine. Voilà ce qu'on ne fait pas assez comprendre à ce malheureux peuple. Voilà le point de départ du Socialisme qui lui enlève son accusation d'utopique.

Les travailleurs subissent constamment mille privations et les riches ne savent que faire de leur argent : ceux-ci ne peuvent dépenser, consommer leurs ressources de bonheur. Les produits n'étant livrés qu'à ceux qui peuvent les acheter, beaucoup de richesses pourrissent, se détériorent, sont détruites, c'est-à-dire inutilisées faute d'acheteurs et de consommateurs payants. Chacun voit déjà que s'il y avait un meilleur équilibre, beaucoup seraient moins privés, sans que les autres soient moins heureux, puisque la destruction et le gaspillage ne profite à personne. Et on se demande comment il n'est venu à la pensée de personne d'étudier ce problème qui s'impose: *la mise en commun des marchandises inemployées pour être distribuées aux plus malheureux.* Ce serait encore déjà, pour commencer, du bon Socialisme que je recommande aux municipalités Socialistes qui recherchent, dans un but de propagande, toujours plus de popularité.

En l'état actuel on produit suffisamment, déjà. Les statistiques même faites par des économistes bourgeois, révèlent que d'une façon générale, on produit 3 ou 4 fois plus qu'on ne consomme, *Donc, on ne donne pas assez à consommer.*

De plus, de nos jours, on ne produit que pour vendre et quiconque n'a pas d'argent ne peut consommer à sa guise. Il manque alors des débouchés, et on arrête la production : on ferme les magasins et les usines, on délaisse les cultures, on éteint les fours, on arrête les machines, en un mot on diminue considérablement toute fabrication, on limite la production aux ressources pécuniaires des consommateurs et les ressources diminuant de plus en plus avec la misère générale, on empêche les gens de produire, de travailler et parallèlement de manger, de consommer, de jouir, de vivre en un mot dans une Nature qui ne demande qu'à donner intégralement le bonheur à tout le monde.

N'est-ce pas révoltant et quand donc comprendrons-nous cette cause de la privation générale?

Dans notre société, j'y insiste, *on produit pour «vendre»* : l'idée maîtresse qui fait la force irrésistible du Socialisme et vaincra toutes les résistances stupides c'est *qu'il faut produire pour donner à consommer.*

«Vendre», quel mot ignoble !

PRODUIRE, NON POUR VENDRE, MAIS POUR DONNER A CONSOMMER, voilà simplement toute la solution ! Méditez bien ceci, ô tous les hommes qui m'entendez!

En société capitaliste on trouve qu'il y a trop de produits parce qu'il n'y a pas assez de débouchés, d'écoulement et on prive un tas de malheureux qui ne demandent qu'à consommer.

Rendons donc les fruits du travail à tous et ne permettons pas qu'on puisse les ravir à quelqu'un.

Aucune société n'est possible sans le travail et aucun bonheur sans la jouissance intégrale de ses produits qui seuls appartiennent aux travailleurs qui les ont fait naître et qui se renouvelant constamment doivent n'être la jouissance que des générations qui les font naître et sous lesquelles ils meurent. Donc, nous ne pouvons plus admettre le principe d'ancestralité qui donne perpétuellement à une caste la possession des produits présents et à venir, et tous les droits sur ces produits qui seront créés et consommés par des autres.

Et nous proclamons sacramentellement que *pour jouir des produits qui ne sont que le fruit et la propriété du travail, tout le monde doit travailler et jouir également du fruit commun de ce travail commun.* Qui peut d'ailleurs nier cette affirmation? Quel est celui qui peut dire à la face du monde : « Moi, je ne dois pas travailler ? »

Donc, ceci est une vérité absolue, irréfragable, indéniable.

Le bonheur doit donc résider dans le travail de tous et ceux qui travaillent également devraient logiquement avoir le même droit au bonheur. Mais ce travail est actuellement mal, très mal organisé, et il faut changer et modifier cette organisation.

Mal organisé le travail crée le malheur, enfante la douleur, par les crimes sociaux d'un individualisme jurant avec la loi morale et scientifique ; organisons le *mieux* pour créer le bonheur, supprimons cet individualisme cause flagrante de tous les maux.

Qu'y a-t-il de plus logique et de moins utopique ?

L'organisation du travail devra s'appuyer le plus possible sur le perfectionnement et l'application totale de cette nouvelle forme de production intensifiée : le machinisme.

C'est là aussi un point capital. Sans doute, aujourd'hui la machine va contre son but qui est d'alléger l'humanité sans diminuer la production : elle est cause à chaque instant du renvoi des ouvriers et de douloureux chômages. La cause ? Toujours la même, c'est qu'elle est accaparée par ceux qui peuvent l'acheter ; les autres s'en passent : c'est encore le mal d'individualisme de notre société. Or, pourrez-vous détruire, supprimer la machine ? Non. Il faudra donc fatalement, sous peine de voir les chômages se multiplier et les hommes mourir de faim au milieu de trop de produits supprimer l'individualisme et mettre les machines en commun dans le Syndicat, la coopérative ou la commune future que vous serez irréductiblement obligés de former. Que vous le vouliez ou non, vous ne pouvez en arriver qu'à cette solution.

Mais la machine, quelle libératrice pour l'avenir ! Mais on n'en fait pour ainsi dire pas, aujourd'hui, des machines ! On n'en fabrique plus ; les petits producteurs n'en ont pas parce qu'elles coûtent trop cher et ils s'usent les forces dans des procédés rudimentaires, et ils se tuent, ces pauvres esclaves de chair vite meurtris, à lutter contre ce colossal esclave de fer invulnérable qui les brisera tous.

Quand le socialisme commencera nous emploierons tous les chômeurs à en fabriquer de toutes les façons. nous en ferons toujours, encore, en quantité, pour qu'il y ait des instruments perfectionnés à la disposition de toutes les associations de travailleurs. Et nous créerons, nous produirons, toujours indéfiniment jusqu'à ce que nous produisions trop, jusqu'à ce que nous ne puissions plus consommer, jusqu'à ce qu'un trop grand gaspillage nous force à *diminuer les heures de travail*.

Car nous ne renverrons personne, nous ne fermerons pas les usines et les magasins, nous ne jetterons pas les travailleurs déjà épuisés à la désolation affamée des grandes routes. Nous leur donnerons, au contraire, avec plus de bonheur, moins de peines. Plus on ira dans notre société et plus on sera riche avec des efforts diminuant constamment. Et c'est alors, véritablement qu'on pourra dire que le travail sera la liberté.

Nous arrêterons la production quand elle ira au-delà de nos besoins ; non pas pour introduire la misère comme de nos jours, mais pour donner toujours plus de liberté aux humains qui auront ainsi tout le temps voulu pour jouir à leur gré, chacun suivant ses goûts, des splendeurs d'une vraie vie de rêve, d'art et de plaisirs.

Et le travail toujours plus court et moins pénible, exécuté dans des conditions parfaites d'hygiène, agrémenté des merveilles incessantes, purifié par une atmosphère de solidarité et de fraternité, en dehors de toute jalousie, de toute haine, ce travail, disons-nous, deviendra attrayant comme l'a prévu le grand précurseur Fourier. Il sera lui-même une joie au milieu des rires, des danses, des chansons et des baisers fraternels. Et on ira aux champs, à l'usine, au bureau, comme à une fête continuelle.

La société marche vers toujours plus de perfection en offrant toujours plus de richesses pour toujours moins d'efforts, et nous posons comme limite de ce degré de perfection, que dans des temps très éloignés un travail presque nul suffira à une production illimitée dans le nombre, la qualité et le temps de fabrication des produits. Nous entrevoyons parfaitement dans ces âges — hélas, trop futurs et c'est là notre amertume — l'homme complètement libre dans la société libre, semblable à ce Dieu tout puissant, tout juste et tout bon, dont on nous parle tant et que nous ne connaissons pas encore.

Nous saluons cet être futur n'ayant plus qu'à goûter les félicités sans pareilles de ce Paradis terrestre dont l'homme est sorti et où nos adversaires — dont la logique est vraiment insensée — ne voudraient plus qu'il retournât.

V. — LA LOI DU PARALLÉLISME

Redescendons un peu de ces hauteurs.

Que la cire de nos faibles ailes, un instant icariennes, mollisse sous les ardeurs de ce soleil encore inaccessible vers lequel nous avons voulu nous élever, et nous laisse retomber, livide et désolé, au milieu des navrantes réalités terrestres !

Dans ce pays de l'Hérault où la propriété est très morcelée, où beaucoup de travailleurs sont propriétaires de petits vignobles, et tiennent à leurs vignes comme à une portion de leur cœur, nous avons rencontré des résistances très fortes. On y a faussé l'esprit des gens avec de vieilles idées surannées sur la propriété; on a agité, devant les foules de paysans effarouchés, un faux spectre révolutionnaire.

Tantôt on leur a dit que nous voulions tout leur prendre, tantôt qu'on voulait tout partager.

Rien n'est plus sot et nous allons démontrer que l'attachement enraciné au lopin de terre est anti-scientifique en même temps qu'antisocial; que l'entente et les efforts en commun doivent, de nos jours, remplacer de plus en plus l'isolement individuel; que la loi historique du progrès nous pousse à la solidarité complète et que nous ne saurions nous dérober à cette loi fatale sans perpétuer la douleur sur la terre.

Parcourons un peu l'histoire, nous y verrons qu'à toutes les époques les conditions du travail ont toujours présenté un grand caractère de similitude avec les formes de la propriété.

En tout temps a toujours existé ce que j'appelerai: *Le paral-*

lélisme des conditions du travail et du système de possession du sol ; c'est-à-dire que le mode de travail, la manière dont les hommes ont travaillé a toujours été en concordance avec la façon dont les terres étaient possédées. Et, en d'autres termes, nous montrerons que les transformations qui se sont produites dans le système de possession du sol ont amené des transformations parallèles, semblables, dans l'organisation du travail.

Cet examen quoiqu'un peu aride mérite d'être suivi attentivement pour détruire cette légende stupide du lopin de terre inaliénable et comme partie intégrante d'un individu.

Remontons au commencement des âges.

Tout d'abord, il est hors de doute qu'au début de la société les hommes primitifs n'avaient pas, du travail, la notion qu'on s'en fait aujourd'hui. Il n'y avait aucune organisation, aucun travail imposé autrement que par le besoin animal de manger, boire et dormir.

Il n'y avait pas de besogne déterminée à l'avance, à heure fixe ou à moment précis; l'homme s'occupait seulement de trouver sa nourriture en pêchant, en chassant, en cueillant simplement les fruits de la terre. Les premiers hommes adoptent un trou préféré qui leur sert d'abri, dans la roche: les gratifications de la nature, se développant simplement d'elles mêmes, leur suffisent simplement.

A vrai dire il n'y a pas de propriétés ; le sol n'appartient à personne.

Les tribus qui peuvent se former adoptent pendant un certain temps une portion inoccupée du sol où il leur est facile de vivre, quitte à abandonner cette même portion, pour aller ailleurs, lorsqu'elle n'est plus favorable et que les moyens d'y vivre y deviennent insuffisants. Mais on ne peut pas dire qu'il y avait travail au sens d'obligation que nous entendons de nos jours par ce mot. Ils peinaient, mais ils ne peinaient que pour eux-mêmes, sans maîtres, sans chefs, sans autre commandement, sans obligation que la nécessité de ne pas mourir d'inanition et de consomption.

Mais le travail tel que nous l'entendons aujourd'hui en tant que fonction imposée, commandée, déterminée sous le contrôle et la surveillance d'un autre et surtout *pour les besoins, au bénéfice, au profit* d'un autre; le " travail " au sens strict du mot en vue des améliorations que nous escomptons de lui dans l'éclosion des produits et l'accroissement des satisfactions; le travail pour une rémunération autre que la condition de vivre, dans le but de mieux vivre, ce travail-là n'existait pas à vrai dire.

Donc en conservant la conception actuelle du mot, nous pouvons poser pour les temps primitifs cette constatation:

Pas de propriété et pas de travail.

Le parallélisme ne saurait être plus frappant. Plus tard les hommes s'affinent et tout en restant dans la période dite de " barbarie " ils sont sortis de la quasi-bestialité des premiers êtres humains. Il se révèlent actifs, agiles, doués; en un mot ils naissent à l'intelligence, mais leur vie est nomade et tout en jouissant de la propriété ils n'en ont jamais sanctionné la possession dans sa forme héréditaire. Il n'y avait pas de fixité dans leur existence; il ne pouvait y avoir de fixité et pour leur patrimoine et pour les conditions au travail. Dès qu'une tribu avait joui d'un territoire, après avoir fait pour quelque temps seulement dés travaux sommaires et passagers d'installation, dès qu'elle avait épuisé la récolte des fruits naturels et que les troupeaux avaient joui des paturages qui poussaient en certains points, au milieu de la nature fruste et sauvage, cette tribu abandonnait le territoire où elle s'était provisoirement installée. Les travaux sommaires et indispensables étaient perdus et les efforts produits n'avaient aucun effet durable.

A une vie nomade convenaient des *travaux sommaires sans fixité* et une *possession passagère* du sol qu'on abandonnait ensuite sans jamais plus s'en occuper.

Sans entrer dans de grands développements qui nous mèneraient trop loin, nous dirons que la propriété foncière fut véritablement instituée en Orient, berceau de la Civilisation.

Les goûts cultivés des orientaux, leur culte pour toutes les beautés, leur amour naissant des grandes choses ne purent dès les premières générations trouver leurs satisfactions dans l'instabilité d'une vie errante.

Et naturellement, pour asseoir leurs conceptions, pour fixer leur soif de science, de beauté et de vie, pour satisfaire leur goût nouveau et naissant de mieux-être, ils fixèrent les nomades au sol. Ils instituèrent la propriété; ils organisèrent les premières formes du travail.

Donc, *quand la propriété* inéluctablement, par la force des choses, par le développement fatal de l'esprit, *fut instaurée* la civilisation naquit, la nation s'ébaucha, *le travail se créa.*

Et dans le cours des siècles, après cette création dérivée de la création de la propriété, nous voyons ensuite que l'organisation, la forme de travail est toujours corollaire du mode de possession du sol.

Ainsi, aux époques cultivées des dominations grecque et romaine, la dominante de toutes les préoccupations gouvernementales est, tout le monde le sait, l'esprit de conquête.

On rêve de dominer le monde environnant, de subjuguer les peuples moins cultivés et moins bien armés, d'agrandir sans cesse le patrimoine de l'Etat.

Mais pour cela il faut guerroyer sans cesse et le métier principal est d'être soldat. Et quand on s'est emparé d'un territoire, que fait-on des vaincus, seront-ils aussi soldats à leur tour? Non! Ils trahiraient naturellement ceux qui venaient de les dépouiller. Ils restaient alors dans les domaines conquis sur eux, pour faire le travail que ne pouvaient exécuter les guerriers, occupés au loin. Ils étaient *esclaves*, pour cultiver les terres *asservies comme eux.* Sur le sol volé et ravi par d'autres, fruit des rapines et de la violence, le travail avilissant se fait par des persécutés sous les coups de fouet. N'y a-t-il pas là encore la même concordance bien sombre cette fois, en vérité?

Et il en est de même à toutes les époques d'esclavage, où le

droit du plus fort entraîne la même servitude et du droit de propriété et des conditions du travail.

À la fin de l'empire romain, un fait curieux se présente qui
donne un grand appui à notre affirmation du parallélisme. Les esclaves finissent par devenir insuffisants et après les grandes guerres
qui ont épuisé l'empire on se trouve en présence de cultures mal
faites, mal soignées: travail d'esclave, travail mal fait, on s'aperçoit
alors de l'insuffisance de ce travail forcé. Un 1/3 des hommes libres sont obligés de s'adonner à la culture et pour favoriser
l'agriculture en péril, on donne des terres, non seulement aux soldats
mais encore aux indigents et à un grand nombre d'esclaves. On
morcelle la propriété, on lui donne un maître libre d'en disposer
à son gré, *on libère la terre* et en même temps *on rend le travail
plus libre aussi*, et si le nouveau maître est esclave, on l'affranchit.
Terre libre, travail libre, hommes libres : C'est la plus grande
gloire de ces temps qui furent parfois démocratiques.

L'histoire du moyen-âge est fort connue et nous y trouverons
le même fait de subordination.

Les nombreuses révolutions politiques, l'invasion des bar-
bares et l'avénement du Christianisme amènent de profonds changements dans le système économique. La plupart des biens revien-
nent à l'Etat à la suite des révolutions politiques ou à l'Eglise dont
l'influence s'étend considérablement et qui en profite pour se tail-
ler une large part sous forme de donations arrachées par l'exploitation de la croyance.

Le peuple n'est rien, on distribue des concessions, des " fiefs
militaires " ou des " bénéfices ecclésiastiques " à une caste d'individus qui vont commander à tout le monde, pendant quelques
siècles, dans un régime nouveau d'arbitraire et de bon plaisir.
Sans doute, *l'esclavage* ancien avec sa brutalité et toutes ses horreurs
est supprimé en fait, mais comme quelques privilégiés se partagent
en lions irrassasiés, toutes les propriétés, la terre n'est pas encore
réellement affranchie et cet esclavage parallèlement encore s'est
maintenu, quoique moins douloureux, dans une nouvelle forme

plus moderne, le servage, à peine transformée par les modifications, plus apparentes que réelles, subies par la nouvelle société foncière.

Le seigneur ayant tous les droits sur toutes les parcelles du pays dont il est le maître, a de même tous les droits sur le travail des paysans, et le pressure jusqu'à la dernière goutte de sang sous toutes sortes de charges, corvées, dîmes, prestations etc...Pauvre malheureux petit paysan, n'étais-tu pas, toi aussi, dans ton ignorance et ton inconscience, un petit atome de plus soumis aux caprices de tous les vents qui assujettissaient la girouette si sensible du château féodal ou monacal ?...

De même, à toutes les époques de la civilisation, nous pouvons trouver des exemples analogues qui démontrent que les conditions du travail ont toujours été subordonnées au système de propriété et que de ce dernier dépend la situation plus ou moins serve des travailleurs.

Ainsi, au moyen-âge, un vent de liberté jusqu'alors inconnu s'introduisit dans certaines cités et nous constatons la prospérité de certaines communes affranchies. Certains biens jusqu'alors possédés par des privilégiés, finissent par appartenir à la commune; c'est-à-dire à tous et sont gérés par elle. Et, au même moment nous voyons surgir, spontanément, de l'ombre des siècles passés, les premières associations, les sociétés de compagnonnages qui n'ont pu se fonder que dans la commune affranchie, les premières réunions de travailleurs se groupant par catégories et professions pour défendre des intérêts communs.

Donc quand la propriété commence à appartenir à plusieurs, le principe de solidarité s'établit entre les hommes.

Caractère encore bien frappant de parallélisme !

Nous n'insisterons pas davantage. Nous concluerons, simplement, par ces constatations que nous avons établies :

Pas de propriété, pas de travail; propriété passagère, travail sommaire et intermittent ;

Fixité au sol, naissance de la propriété et création du travail ;

Propriété usurpée, travail d'esclave et de serf;

Première propriété commune, apparition des associations de travailleurs, naissance de la solidarité.

Mais il importe, maintenant, d'examiner l'histoire contemporaine, pour pouvoir conclure et d'après le même principe de parallélisme, déduire ainsi ce qui pourra se passer dans l'avenir.

Après la Révolution française le vieux monde se modifie complètement, le commerce et l'industrie commencent à prendre leur figure moderne. Le capitalisme commence à établir sa domination, le machinisme naît, d'abord imparfait, puis de 1820 à nos jours, se perfectionne de plus en plus, et sans qu'il soit utile de décrire à des contemporains les modifications si rapides qui sont l'émerveillement du 19e siècle et la gloire de nos temps, nous en arrivons à la civilisation toute renouvelée de nos jours avec le capitalisme triomphant, dominateur de cette force immense: le machinisme; possesseur de tous les moyens de production : propriétés, machines, forces naturelles, facilités de transports, etc.

Or que voyons-nous de nos jours à travers ces changements?

Nous assistons à un phénomène indéniable qui jure avec les enseignements que nous venons de rencontrer dans toute la loi du passé, nous voyons contrairement à tous les précédents, que tandis que les conditions du travail se sont complètement transformées, le système de possession du sol, lui, ne s'est pas en somme modifié.

En effet la grande industrie et le gros commerce de plus en plus triomphant tuent et font disparaître de plus en plus toutes les petites boutiques, toutes les vieilles échoppes du passé, tous les innombrables magasins et ateliers minuscules qui pullulaient dans toutes les agglomérations. Par des moyens nouveaux de vente et de transport, leur destruction va même s'étendre jusque dans les plus petits villages.

On a inventé des machines qui paralysent l'effort des esclaves modernes du travail, décuplent la production par la substitution de l'esclave de fer à l'esclave de chair. Les professeurs d'agriculture indiquent des procédés nouveaux jusqu'alors inconnus, qui par la chimie ou les systèmes nouveaux de culture développent les germes, vivifient les sèves, multiplient les espèces, donnent à la terre une fécondité surprenante, lui faisant rendre 10, 100 fois plus qu'elle n'ait jamais produit.

Comme dans l'industrie, le gros propriétaire foncier toujours plus puissant, maître et ordonnateur des fluctuations commerciales rend impossible la situation du moyen et du petit paysan qui se voient de plus en plus expropriés.

Donc ainsi, pour conclure, continuellement le travailleur, jadis lui-même son propre maître, s'est vu obligé d'abandonner son bien, ses anciens droits pour aller, sous forme de mercenaire mal appointé, — avec un grand nombre d'autres camarades dépouillés comme lui, — travailler dans les grandes associations capitalistes, dans d'immenses usines, à un *travail collectif fait en commun* avec une foule d'autres esclaves.

Donc, en réalité, le travail isolé, individuel a disparu ; il a été remplacé par un travail *collectif* qui réunit dans le même but un nombre considérable d'ouvriers.

Une seule société inonde en un jour les marchés d'une quantité de produits que des artisans, travaillant dans les conditions de jadis, n'auraient pu fabriquer en une année.

C'est de plus en plus l'agglomération capitaliste des travailleurs sous la pleine domination d'un maître rapace et égoïste qui garde tout pour lui. C'est en un mot le *collectivisme et le communisme du travail,* vous ai imposé par la force des choses, par les découvertes et les perfectionnements toujours plus nombreux, *introduits par la méthode capitaliste elle-même.*

Eh bien, nous disons que le mal vient justement de ce que *la loi du parallélisme a été trahie,* parce que le *collectivisme de la propriété* aurait dû marcher de pair avec le *collectivisme du travail* apporté, implanté par le capitalisme lui-même. Le système de possession du sol et des biens aurait dû se transformer semblablement aux conditions du travail : ces dernières ayant changé, le système de possession devait changer pour être conforme à la loi naturelle.

Voilà la conclusion précise qui nous mène tout droit au socialisme scientifique. Il ne peut, en effet, y avoir toujours de plus en plus travail d'agglomération auquel tout le monde participe, produit par un ensemble de coopérateurs réunis en un nombre toujours plus grand, pour une besogne toujours plus collective ; et à côté, les bénéfices de ce travail, la richesse, la production, le bonheur en un mot, accaparés, possédés dans la plus illogique des spoliations, par quelques-uns ou par un seul. Les bénéfices qui sont produits par tous, c'est-à-dire la production générale, la priété, les moyens de production devraient de même apparteni tous, être eux aussi collectifs.

Hommes de cœur, réfléchissez, examinez sans parti-pris ce mouvement économique discordant et anti-naturel et vous verrez où est le véritable mal ; vous comprendrez que la vraie réforme qui s'impose *c'est la transformation complète* le plus rapidement possible de la société capitaliste, individualiste, en une société collectiviste ou communiste, non seulement pour la loi du travail, mais encore pour la loi de possession, pour la répartition des richesses.

Vous verrez que tout le mal provient de ce que les conditions du travail seules se sont modifiées, sans que le système de possession du sol, de ses produits, ait changé, contrairement à la loi naturelle, aux indications du progrès, contrairement enfin à la volonté laborieuse et émancipatrice de la civilisation.

Vous verrez que pour devenir heureux il ne faut plus s'en tenir à de pâles réformes palliatives, mais travailler à conformer la société avec sa loi de transgression, à rendre à la civilisation sa dominante naturelle puisée dans le principe de parallélisme que nous venons d'examiner.

Pour rendre le bonheur qui a été ravi à ces foules d'esclaves désespérés que nous sommes, pour enfanter des générations toujours plus allègres, plus radieuses, il faut courageusement nous ressaisir ; loyalement, sans peur et sans défaillance, il faut nous laisser guider par la loi fatale, plus forte que nous et qui veut nous imposer, même malgré nous, ses conditions inéluctables.

Allons-nous tous nous laisser dépouiller et dévorer? Devons-nous plus longtemps accepter lâchement cette hérésie morale, ce non sens philosophique de gens qui meurent de faim parce qu'ils produisent trop et parce qu'une poignée d'oisifs leur vole le fruit de leur travail?

Assez de mornes désespérances et de silencieuses résignations! Travaillons, tous les malheureux que nous sommes, à l'avènement de la Cité de l'avenir indéfiniment perceptible, dans l'égalité des conditions sociales, par l'*association des hommes* et la *socialisation des choses*.

Au lieu du vol commercial et de la rapine industrielle par lesquels des milliers s'éreintent pour un seul indûment spoliateur, créons la vaste coopérative des uns pour tous et de tous pour un, où tous les êtres, devenus co-producteurs, seront aussi co-propriétaires de l'ensemble des richesses; où chacun produisant en travail collectif, pour mettre au tas, pourra puiser au tas toujours plus abondant, c'est-à-dire, consommer les produits toujours multiples qui seront désormais distribués à tous.

Qu'importe la terre, l'argile, la pierre qu'on ne mange pas, qu'on ne consomme pas. Ce n'est pas cela la vraie propriété ; d'elle même elle ne peut satisfaire aucun de nos désirs, aucun de nos besoins.

La vraie propriété c'est ce qui nous satisfait et nous fait jouir : ce sont les fruits de cette terre sous toutes leurs formes et leurs variétés, ce sont les produits qui ne retrouvent leur beauté et leur fécondité que par le travail de tous les hommes, et dont tous doivent également jouir.

Le travail isolé a disparu; la petite propriété, le lopin de terre où se perdent maints efforts précieux par la précarité de l'outillage et des moyens de développement devait disparaître, doit disparaître pour se fondre dans de vastes associations industrielles et agricoles, où le travail en grand avec tous les perfectionnements modernes donnera le maximum de production en toutes les catégories.

Puisque le travail devient par la force des choses, de plus en plus collectif, il ne faut pas que la propriété, la richesse reste individuelle.

Par l'association toujours plus étendue et régularisée des travailleurs enfin conscients et véritablement instruits, les richesses tendent à l'infini pour des efforts humains toujours diminués. Par une sage répartition, suivant la justice et l'égalité, de même, le bonheur tendra à l'infini.

Et, dans la marche éternelle du progrès, nous entrevoyons, clairement, sans illusion, sans mirage, au fond des horizons illimités, un bonheur éternel et invulnérable pour des peines infimes, tellement atténuées et adoucies qu'elles tendent à devenir des récréations et des enchantements.

Voilà pourquoi, voilà comment nous sommes Socialistes. Que les malins rient de nos profondes croyances; cela ne fait rien, cela importe peu; il est plus facile de s'esclaffer grassement que de réfléchir profondément. Nous, nous tenons à conserver les espérances lumineuses qui ont au moins l'avantage de nous aider parfois à traverser les sombres vallées d'amertume de cette malheureuse existence !.,..

LE LOPIN

On nous accuse de vouloir ravir aux paysans leur lopin de terre.

Il faudrait pourtant s'entendre. Nous envisageons seulement une transformation dans le système de possession ; nous décuplerons le rendement de chaque parcelle et nous attribuerons ce rendement à l'ensemble des travailleurs, c'est-à-dire que chacun verra continuellement s'augmenter sa part de ressources, par le fonctionnement naturel d'une organisation nouvelle de la production et de la répartition des richesses. Il y aura peut-être quelques milliardaires et quelques millionnaires de moins, mais, aussi, le bonheur pourra se répandre sur tous, personne ne l'accaparant plus au détriment des autres.

En réalité, c'est le capitalisme qui vole et dépouille le petit propriétaire et c'est au contraire nous qui nous préoccupons de sauver les intérêts compromis du producteur en voulant donner logiquement à chacun son dû.

A quoi bon posséder une terre si par la concurrence mortelle des gros propriétaires voisins, son profit diminue constamment jusqu'au point d'être nul ou de devenir même une charge ?

A quoi bon ce stupide orgueil, cette sotte vanité de se dire « propriétaire » d'un sol qui ne vous cause que des malheurs ? Vous n'avez plus qu'un droit fictif, qu'une fiction de rente gênante, dont vous ne demanderez bientôt, vous-mêmes, qu'à vous débarrasser.

Ne vaudrait-il pas mieux que chacun conservât son droit, non plus sur une propriété livrée à tous les hasards, et souvent productive à rebours, mais sur l'ensemble du travail collectif qui, pour un produit manquant par hasard, créerait la surabondance pour tous les autres et pourvoirait toujours au bonheur de chacun? Ainsi seulement peut se concevoir et s'obtenir le droit naturel de chaque individu au bonheur répandu pour tous dans la nature essentiellement égalitaire.

Pourquoi, à travers les siècles futurs, un seul continuerait-il éternellement, sans supériorité, à distribuer le travail, à disposer de tous les biens, à accaparer tous les produits et à en abandonner chichement une part infime aux affamés qui les auraient produits?

Qui osera soutenir que cela sera juste dans les temps futurs?

Et pourquoi le tolérons-nous dans les temps présents!...

Ce raisonnement-là est-il donc si extravagant et l'esprit humain est-il si peu imprégné de jugement scientifique, qu'il ne puisse attaquer la solution avec courage et plaisir, au lieu de déclarer insoluble le problème qui cependant se pose de lui-même!

Et si notre idéal n'est un rêve que par l'éloignement que l'ignorance impose à sa réalisation, serons-nous toujours les victimes de ces réacteurs et ces peureux qu'effraie le moindre pas en avant?

Notre but est fort éloigné, sans doute, mais nous devons nous en rapprocher, nous y hâter, même sans être sûr de l'atteindre jamais, pour que dans la voie douloureuse où nous marchons si péniblement, nos afflictions incompréhensibles soient toujours moins nombreuses et plus adoucies.

N'est-ce pas là un beau mobile? Et sous prétexte qu'on n'obtiendra jamais le maximum de bonheur, n'est-ce pas un crime du corps et de l'esprit de s'obstiner à supporter un maximum de souffrances?

Car enfin, si vous le voulez bien, examinons d'un peu près la situation du petit possesseur.

On lui a dit : « Travaille, aime-la ta propriété, elle est à toi, « elle t'appartient pour toujours, on ne peut, on ne doit te la prendre; elle est *inviolable* et tu la transmettras héréditairement à « tes enfants qui jouiront perpétuellement du fruit de ton travail

« et de ton amour du sol. Aime-la, ta terre et travaille-la. Plus tu
« l'aimeras et la travailleras, et plus elle rapportera, plus vous
« serez riches, toi et ta progéniture !

« Et, surtout, ne sois pas socialiste, parce que les socialistes
« veulent te ravir ou partager ce lopin de terre que t'ont transmis
« tes ancêtres, auquel tu tiens comme aux racines de ton cœur,
« qui est la cause de toutes tes joies, de toutes tes peines. »

Ah ! le beau langage apparemment, pour les esprits sensibles.
Mais vilain mensonge dans la réalité pour ceux dont la sensibilité
ne se paie pas de mots et de flatteries !

Oui c'était vrai : la terre jamais ingrate, sous vos efforts inces-
sants, a toujours produit davantage. De belles récoltes ont poussé
sous le soleil, rayonnant de vie et de fécondité !

Vous ne saviez plus où mettre votre vin, ô propriétaires de ce
beau pays de l'Hérault que vous aimez tant puisqu'il répondait si
bien à votre labeur et à vos vœux !

Mais ce qui n'était pas vrai, c'est que vous deviendriez toujours
de plus en plus riches. La terre a répondu à vos appels laborieux :
dans les fraîches aubes matinales et dans les crépuscules flam-
boyants, de belles récoltes ont surgi. Toutes les caves, tous vos
celliers, tous vos magasins regorgaient ; il vous manquait de la
place pour caser vos produits.

Et voilà que tout à coup, justement parce que vous avez trop
produit, parce que la terre a trop donné, vous ne vendez plus votre vin, vous restez sans un sou, vous vous endettez, vous cédez
à vil prix le fameux lopin de terre réputé inviolable et insaisissable,
mais que la bourgeoisie elle-même vous ravit violemment malgré
vos détresses et vos protestations !

Grevés d'impôts, chargés d'hypothèques, vous entrevoyez,
désespérés, la misère prochaine. Les aubes et les crépuscules jadis
si éblouissants, s'endeuillent maintenant, des pleurs d'une déses--
pérance inopinée.

Et vous voyez qu'on vous a odieusement menti. Vous avez
travaillé toute une existence pour faire rendre le maximum à votre

terre, pour devenir riches, comme on vous l'avait promis; et
quand, à votre vieillesse vous regardez, radieux, votre récolte qui
brille dans le jour éclatant, quand vous vous croyez heureux pour
longtemps, voilà que tout à coup tout s'écroule, tout s'effondre,
voilà que votre rêve, tant caressé, disparaît derrière le voile amer
de vos larmes ! Voilà qu'illogiquement, contrairement à vos
espérances et aux promesses des rhéteurs bourgeois, tout ce travail, tous ces efforts, tout cet amour profond du sol se change en
une risée du sort, un malheur, une ruine, un désastre, une cala-
mité !

Et pourquoi cela ?

Parce que vous avez toujours manqué de solidarité, que vous
avez toujours dit : « Chacun pour soi » et « après moi le déluge »;
parce que votre intérêt est limité aux seuls produits de votre petite
terre, à votre champ, à votre cellier, ô vignerons, parce que vous
bornez tout votre horizon social au cercle étroit de votre demi-
muid !

Oui, le mal est là. Vous n'avez d'intérêt qu'à la spécialité dont
vous vivez et vous n'en avez aucun sur la production du voisin,
sur l'ensemble de la production nationale. Et c'est parce que vous
êtes des *isolés*, que vous n'avez pas voulu devenir des *associés*, des
co-producteurs, c'est parce que vous vous êtes enterrés dans la
doctrine destructive du «chacun pour soi» au lieu d'appliquer notre
devise libératrice du «tous pour un, un pour tous»; c'est en un
mot pour toutes ces raisons, que la ruine vous menace !

Non, elle n'est pas inviolable la propriété, puisqu'on vous la
viole; non, vous ne la transmettrez pas à vos enfants, parce que
les spéculateurs vous la raviront avant votre mort. Non, votre travail ne vous conduira pas à la richesse, parce que vous êtes guetté
par le capitaliste qui, lui, ne travaille pas, mais fait travailler les
autres pour les pressurer en même temps que les grappes de ses
pressoirs.

La plupart d'entre vous, vous ne l'avez plus, votre lopin de
terre; on vous l'a pris. Je dis à ceux qui l'ont encore qu'ils le per-

dront sous peu, parce que n'étant pas organisés et unis, dans leur système d'individualisme régressif, ils seront fatalement détruits par les gros qui guettent leur agonie, surveillent leurs lamentables convulsions, et attendent patiemment, dans l'ombre, la dernière crise, pour emporter le cadavre, livide et desséché.

Viennent encore quelques années de crise, de mévente, que ferez-vous pour sauvegarder votre maigre patrimoine ? Déjà accablés de toutes sortes de charges, de dettes, d'impôts, d'hypothèques, vous irez emprunter. Et à qui ? Aux gros propriétaires, aux financiers qui, au bout de quelque temps, vous enverront l'huissier, vous exproprieront, vous prendront votre fameux lopin proclamé insaisissable, en ne vous laissant plus que vos pauvres yeux pour pleurer.

Ne préféreriez-vous pas encore, je vous le demande sincèrement, l'expropriation socialiste et l'organisation collective du travail en vue de supprimer tous ces malheurs et de donner du bonheur à tous ?

Oui, on vous l'a prise, les gros et les grands vous la prendront et non point les socialistes.

Braves gens, voyez votre mal, avant qu'il ne soit incurable. Que vos souffrances et vos désillusions ne vous rendent plus méchants et aveugles contre ceux qui sont vos véritables et vos seuls amis. Ouvrez les yeux à la lumière de la science qui est l'avenir et vous libérera, et rejetez tous ces vieux préjugés, toutes ces erreurs ataviques qui ne se comprenaient que dans des temps d'ignorance !

Détournez-vous à jamais de l'ombre cruelle du passé ténébreux qui est derrière vous : faites seulement un pas dans la période de transition où nous sommes et où vous demeurez immobiles et impuissants !

Allons, honnêtes citoyens, marchez, marchez et vous sortirez soudain de l'ombre qui se limite sous vos pieds pour placer votre corps, votre cerveau, votre cœur, dans la grande clarté qui peut s'ouvrir devant vous. Vous serez transportés, comme une âme de joie, dans la pleine et saine splendeur d'une humanité reconquise, rendue à sa fin de solidarité, d'harmonie et de félicité pour tous !

II. -- LES EMBRYONS

On nous fait souvent cette objection : « Tout cela est bien beau, mais comment ferons-nous pour nous entendre ? jamais nous ne le pourrons, il faudrait que tous les hommes fussent parfaits ! »

Vous vous jugez donc bien faibles ! Comment, quand autour de vous, tous les gros s'entendent pour former de grandes exploitations, des compagnies gigantesques, des « trusts », des cartels, des organisations politiques, des administrations nationales etendant leur action sur toutes les agglomérations du territoire ; vous ne pourriez vous entendre à votre tour, vous ne pourriez pas vous réunir pour mieux organiser la production et répartir les échanges, pour vous procurer les instruments perfectionnés qui vous manquent, désormais acquis en commun et prêtés à tour de rôle ?

Le Prolétariat n'est-il donc pas à même aujourd'hui d'administrer les choses, de faire un travail de comptabilité et de banque sociales ?

Le Prolétariat ne s'élève-t-il pas à cette heure aux plus hautes fonctions intellectuelles et ne pourrait-il pas gérer la Société à son profit ?

Avant d'en arriver à l'application intégrale de notre doctrine, si les producteurs de l'Hérault avaient seulement tenté d'expérimenter notre principe d'association qui est la base du Socialisme, s'ils nous avaient un peu mieux écoutés, ils auraient déjà moins souffert.

Les petits propriétaires commencent bien à voir que leur seul ennemi est le gros propriétaire, le gros négociant, l'intermédiaire qui s'enrichissent avec de fructueuses spéculations ; de même que l'ennemi du petit boutiquier est le grand magasinier.

Il faut donc que les petits se réunissent pour devenir gros et avoir les avantages du gros. Nous n'insisterons pas sur cette affirmation qui devient aux yeux de tous une vérité.

Sans même abandonner leurs droits de propriétaire, si les producteurs avaient déjà par exemple sous forme de syndicat, de coopérative, organisé dans toutes les communes des associations de production et de vente pour lutter, non contre le gros, mais dans les mêmes conditions que lui, ne s'en seraient-ils pas mieux trouvés n'auraient-ils pas subi, dans la mévente qui sévit, de moindres difficultés ?

S'ils avaient par avance, — comme nous les y conviions quand ils riaient de nous, — dans une entente intelligente, réuni leurs intérêts, acheté des produits en grande quantité pour toute la communauté, et partant à des prix inférieurs ; s'ils s'étaient procuré des machines perfectionnées, achetées en commun pour réduire leurs frais d'exploitation au taux de revient du produit de la grande propriété ; s'ils avaient créé des caves et des distilleries communales, des logements de réserve, etc... tout ce que nous étions les seuls à préconiser depuis longtemps ; s'ils avaient fait tout cela, ne croyez-vous pas que beaucoup de crises auraient été soulagées grandement ?

Un des leurs, le plus actif, le plus intelligent, désigné par eux, serait parti pour vendre leur vin dans toutes les contrées sans autre bénéfice qu'une part raisonnable de représentant de la Société.

Ils auraient ainsi supprimé ces quelques gros négociants et riches courtiers qui retirent le meilleur de leur labeur et auxquels ils sont cependant heureux de s'adresser, aux moments de gêne, quelles que soient les offres, ce qui leur permet de profiter de la gêne des malheureux dont ils drainent les richesses.

Et toutes ces fortunes intermédiaires, qui échappent aux petils producteurs, seraient restées à leur collectivité, pour leur propre compte.

Il y aurait eu pour les gros et les petits : unité du prix de revient, égalité de facilités de production et d'échange, suppression des intermédiaires, unification des bénéfices, c'est-à-dire disparition de la spoliation et du jeu, inutilité de la concurrence, stabilité des cours, fixité et loyauté des marchés, disponibilité de crédits agricoles, régularité et homogénéité, enfin, des transactions, tous avantages qui ne sont pas à dédaigner..

Voilà les conseils que nous vous donnions, que nous vous donnons encore.

L'individualisme outré conduit à la perte de la plupart des efforts, à l'infériorité de la majorité des travaux. Le bonheur ne proviendra que de la fusion de tous les intérêts personnels dans un organisme puissant de production et d'intérêt généraux.

La joie future de tous les humains, sans aucune distinction, ne sera que dans la solidarité universellement répandue ; dans une union fatale, imposée par la raison émanant des faits, par une sage administration des choses, par une entente solide des hommes enfin rendus à la sagesse et à la vertu immanentes. Nous ne pouvons marcher vers la félicité pure que par la réunion de toutes les peines qui seront ainsi toujours amoindries et de tous les plaisirs ainsi de même, toujours augmentés .

Et pour le rapprocher, ce bonheur, pour diminuer toujours la cruauté de la souffrance, suivons la voie qui nous est ouverte, commençons par appliquer un socialisme naissant. Faisons la révolution sans crimes, simplement par des réformes, — mais par des réformes sérieuses, dans le mode d'exploitation du travail, — en nationalisant d'abord, puis en socialisant les grandes entreprises, les grandes exploitations déjà monopolisées.

Travaillons à nous organiser en tout, de plus en plus, groupons-nous pour le travail de tous et pour tous. Et lorsque après mille tâtonnements nous aurons en toutes les choses de la vie, créé des embryons de société future, un beau jour dans un noble mouvement, nous réunirons tous ces embryons, toutes ces alvéoles, tous ces germes d'état futur pour faire les cités libres et heureuses, — vastes coopératives sans propriétaires de terre qui tuent et ruinent, mais composées uniquement de co-producteurs, de co-associés jouissant de l'intégralité du bonheur répandu.

Mais ces associations doivent être organisées suivant la méthode socialiste. Elles ne doivent pas tendre simplement à une amélioration momentanée ; elles ne doivent pas devenir, pour un temps seulement, la sauvegarde de quelques intérêts particuliers ou locaux, passagers et temporaires ; elles doivent surtout envisager le lendemain, ne point oublier l'avenir.

Notre but disparaîtrait, nos efforts seraient vains, nous renverserions le bel idéal de tous les camarades qui, depuis si longtemps luttent, non seulement pour leur propre émancipation, mais pour la libération complète des générations à venir.

Notre horizon est plus large : il comprend toute l'étendue du problème économique dans le présent comme dans l'avenir. Il serait ridicule de nous passionner pour une cause si elle ne devait aboutir qu'à la vague satisfaction de quelques maigres intérêts immédiats.

Mettant à profit les connaissances nouvellement révélées, nous devons, par des organisations, d'abord partielles, et ensuite de plus en plus généralisées, établir les fondations des Cités futures. Il nous faut de plus en plus, en arriver à une ère telle que la transformation au profit de tous, la socialisation sera presque accomplie, que l'état de la société sera tel que quelques réformes devenues nécessaires s'imposeront et établiront définitivement le monde nouveau. Il n'y aura plus qu'à réunir les éléments semblables pour former un tout harmonique ; qu'à coordonner des effets vers le même point concourant, qu'à cimenter d'une liaison, rendue inévitable par la force des choses, tous les matériaux des Cités futures.

C'est là le but du socialisme moderne. Nous devons nous préparer, dans la voie de l'association, jusqu'au jour, où mûre, déjà éclose, prête à cueillir, après les transformations toujours améliorées du mode associé et collectif, la socialisation entière des moyens de production et d'échange, la socialisation des produits, des plaisirs, de tout le bonheur enfin, s'accomplira inéluctablement, simplement, sans effort, sans secousse et sans douleur, dans une atmosphère purifiée, comme l'éclatement d'un soleil de Lumière, d'Emancipation et de Joie intégrales.

VIII. -- QUI ÊTES-VOUS ?

Voilà ce que nous voulons, voilà ce que nous sommes.

Et maintenant qui êtes-vous, ô samaritains qui nous considérez comme des ennemis, nous qui, cependant, prêchons constamment l'amour entre les hommes ?

Êtes-vous tous des millionnaires? Ne sommes-nous pas tous d'accord pour vouloir plus de bonheur et moins de souffrances ? Je le demande de bonne foi à nos adversaires, le fond primordial de toutes les morales et de toutes les religions, la cause de la popularité dont jouirent les premiers protagonistes, tous les prosélytes et tous les apôtres, ne résidaient-ils pas dans l'amour promis aux pauvres et aux persécutés, dans l'avilissement de la richesse mal acquise et la glorification du travail ?

Et sincèrement, peut-on affirmer, en plein vingtième siècle qu'il n'y a de plaisir, de soulagement, que dans un Paradis plus chimérique encore que notre espoir de Société future, basé, lui, sur l'enseignement de faits précis !

Nous n'empêchons pas nos adversaires de croire à leur Paradis mais qu'ils nous laissent croire au nôtre, au Paradis possible sur la terre. Cette dernière a aussi ses charmes, elle est productrice de félicités ; il peut y avoir en elle pour contenter largement tout le monde si on veut bien corriger les défauts et les vices des organisations existantes. Nous devons donc rechercher les moyens de supprimer ces vices et ces défauts et il nous faut étudier l'économie politique et non plus nous en tenir seulement à la vile politique ordinaire faite de passions mauvaises, de basses intrigues et d'intérêt individuel.

Ah, si les travailleurs qui produisent eux seuls toutes les richesses et auxquels on laisse tout juste de quoi ne pas mourir de faim étudiaient d'un peu près les causes de leur nudité, comme ils se sentiraient forts et vaillants à côté de nous, au lieu de demeurer tremblants et peureux au milieux des bourgeois persécuteurs ! Ils comprendraient l'inconscience des générations passées, ils entreverraient dans toutes leurs splendeurs les merveilles d'un monde nouveau dont ils retardent, hélas, l'avènement par leur ignorance, leur veulerie, je dirai même leur lâcheté.

Et vous modérés, radicaux, que voulez-vous, quelle est la force de votre programme ? Quand bien même vous réaliseriez la totalité de vos réformes auriez-vous changé quelque chose et vos palliatifs en vérité bien insuffisants ne seront-ils pas détruits par les méfaits du capitalisme toujours grandissants ? Nous vous aiderons à appliquer vos palliatifs mais il faut que vous compreniez que cela est insuffisant, que le progrès réclame mieux et plus que vos maigres réformes dont vous amusez le peuple depuis plusieurs années.

Il nous faut maintenant, tous ensemble, organiser le travail afin que tous concourent à la production et que tous aient droit à la participation commune des richesses ainsi créées par l'ensemble des travailleurs.

Sans vouloir atténuer en quoi que ce soit le bonheur des autres il est possible que tous les hommes soient beaucoup plus heureux qu'ils ne le sont. Et il faut en arriver à donner à tous le bonheur disponible pour chacun, sans exception et sans privilège !

Par l'amélioration des conditions du travail et par l'intervention la plus large des pouvoirs organisés par la démocratie elle-même, par *l'organisation scientifique de la solidarité*, comme disait le grand Fourier, par la refonte sociale des droits de la grande propriété et des privilèges encore existants dans la forme, la

« Justice » et les « Codes » capitalistes, il faut que le droit à l'existence, à une vie suffisante, soit assuré à tous les humains.

Il y a trop de malheurs, d'angoisses, trop de larmes dans les foyers, trop de déchirements dans les cœurs. Il y a trop de bras suppliants, sur la grand'route, qui allongent désespérément, vers un ciel inclément, leur long désespoir hideux !...

Il nous faut réellement installer la vraie République, où l'existence soit assurée à chaque être humain, où la vie sera pleine et belle de toutes les consolations ; — et non pas une République de mensonges, d'appétences, de faveurs lâchement conquises qui mentirait à ses traditions et à ses engagements solennels.

Il nous faut la vraie République du peuple et non pas la République qui appartiendrait à quelques intrigants hâbleurs et carnassiers qui dans chaque village conduiraient un troupeau étique de résignés en se gavant eux-mêmes des prébendes indignement prélevées sur les dépouilles des inconscients.

Nous n'avons pas la prétention de donner une formule immuable, définitive ; mais si nos projets vous paraissent modifiables, venez vous-mêmes en changer les imperfections, nous vous offrons d'en corriger ensemble les défauts.

Mais de grâce, ne nous repoussez pas systématiquement !

Si nous sommes socialistes c'est tout simplement parce que nos pères furent républicains, car nous n'avons fait qu'augmenter leur vieil idéal des conceptions nouvelles que nous ont imposées les progrès survenus et les découvertes récentes dans les domaines de la science et de l'esprit.

Oui, vieux républicains, c'est vous qui nous avez enfantés ; vos enseignements, vos luttes passées, ont engendré la nouvelle génération qui pousse et qui veut être digne de vous.

Et maintenant que la vieillesse vous a réduits à l'inaction ou à l'impuissance, renieriez-vous vos enfants, renieriez-vous votre œuvre ? Ah ! que la neige de vos cheveux blancs ne laisse point retomber sur les espoirs de votre descendance l'éternel hiver de la désillusion, du découragement, de la mort sociale !...

La belle jeunesse socialiste est votre œuvre et vous n'avez certes pas à en rougir : elle est vivace, mais elle veut être surtout créatrice de vie pleine et sereine pour nos enfants qui béniront nos mémoires et les vôtres !

Et pourriez-vous, sincères radicaux d'aujourd'hui, républicains simplement sous l'Empire — car votre programme à vous aussi s'est un peu modifié, — pourriez-vous nous faire le reproche d'avoir conformé nos idées aux besoins nouveaux de la pensée ?

Ce serait renier votre passé ; ce serait renier le fruit de vos entrailles, la substance de votre cerveau, le sang même de votre sang.

Vous demandiez de vrais fils : vous les avez dignes de vous.

Nous en enfanterons d'autres de la même famille, toujours plus instruits, toujours plus parfaits, c'est-à-dire toujours plus joyeux et meilleurs.

Voyons, que signifient ces mots de modérés ou de radicaux ? Et votre programme, totalement réalisé, de quelle hauteur élèverait-il le niveau du bonheur? Vos palliatifs ne sont guère que d'insuffisants calmants appliqués sur une misère profonde : quelques sous donnés au misérable qui pourrait avoir tout le bonheur.

Allons, plus de sagesse, plus d'amour, plus de courage et une plus juste notion de la Fraternité. Assez de faux préjugés. Débarrassez-vous de ces suspicions contre le Socialisme, répandues par des inconscients qui se montrent ainsi en plein progrès des temps méchamment réactionnaires.

Aucun homme conscient ne peut reculer devant les faits accomplis. Aujourd'hui il faut être Socialiste pour ne pas rétrograder sur les idées républicaines. Vous n'écouterez plus ces pseudo-républicains, ces trafiquants de la République, encore trop nombreux, qui ont conservé un restant d'atavisme autoritaire et qui poussent à la haine du Socialisme pour régner et persécuter avec des déclamations hypocritement démocratiques.

Le Socialisme doit en effet rallier bientôt tous les partis car nous ne nous préoccupons pas de savoir si un homme s'intitule modéré, radical ou anarchiste. Si c'est un malheureux, quel qu'il soit, il faut le sauver, il faut tâcher de le rendre heureux. Il nous faut sauver et régénérer l'humanité entière qui court à sa ruine, qui tombera à la décadence, si les hommes s'obstinent encore plus longtemps, contre la solidarité indispensable.

Le Socialisme ne fait pas de sélection : il n'a pas de favoris ; il ne veut pas, comme certains disent, rabaisser la condition du plus fortuné à celle du plus humble: il veut élever le malheureux jusqu'aux situations les plus hautes; il veut, même, créer pour les plus heureux du jour, et il le peut, des joies nouvelles, aujourd'hui inconnues parce qu'impossibles dans l'égoïsme dominant, mais qui surgiraient inévitablement dans une société d'amour et de vertu.

Le Socialisme tend à organiser un travail de plus en plus mécanique, scientifique, propre, facile, moins pénible, pouvant même être rendu attrayant dans les usines et les champs de l'avenir où les travailleurs iront comme à une fête, la main dans la main, le cœur et l'esprit en gaieté, la bouche pleine de chansons et de bonnes paroles.

Il ne s'agit pas de tout prendre aux uns pour distribuer aux autres. Tout en laissant aux heureux de ce jour la somme de jouissances voulues nous voulons profiter des possibilités du moment pour rendre aux spoliés le bonheur qui leur est dû, puisqu'il est créé par eux, qu'il est disponible mathématiquement et qu'on ne veut pas le leur distribuer en s'entêtant dans une organisation du travail surannée.

Voilà notre rêve, voilà notre but. Voilà les mauvais sujets, les révolutionnaires, les incendiaires, les pétroleurs que nous sommes.

Ah, si les anciens régimes et si la bourgeoisie de nos jours n'avaient jamais fait plus de mal !...

Hommes raisonnables, écoutez-nous. Bourgeois, ouvrez les yeux, enfin, sans quoi les colères gronderont, les misères montreront leurs crocs et vous serez dévorés; vous périrez, pour l'avoir voulu, du châtiment que vous n'aurez pas évité, peut-être d'une mort ou d'un crime, commis par une folie que vous aurez déchaînée et dont les gestes seront pardonnables devant l'histoire.

Soyez avec nous et, au contraire, avec quelques années d'efforts et de courage, nous instaurerons le bonheur dans le monde, sans qu'il n'y ait plus une goutte de sang ni une larme à verser, une souffrance à endurer, une colère à affronter, une injure à supporter...

Et alors, sans révolution, sans terreur aucune, le corps, léger comme une flamme, le front pur comme un cristal qui laisserait voir dans sa transparence des pensées sans secrets, nous entrerons tous, à l'envi, dans la carrière lumineuse, à jamais ouverte, de la véritable humanité !...

Voyez derrière vous ce spectacle hideux de misère et de honte qui nous poursuit dans la vie ténébreuse ! Fuyons à grands pas. Hâtons-nous ! Un chemin lumineux est devant nous, pas bien loin : courons, pour l'atteindre, cette voie de progrès, tapissée de roses, inondée de lumières. Elle nous conduira au royaume de la Fraternité, dans le grand enthousiasme des êtres enfin reconquis et rendus à leur vraie divinité : la Nature qui les comblera de ses bienfaits !

Allons les esprit forts : trêve aux vieilles querelles de personnalités, aux rancunes trop longues de famille, de caste, de village. Dédaignez les quelques intrigants infiltrés dans tous les partis et dont le rôle intéressé est de jeter la brouille parmi les hommes et la terreur dans les cités.

Les hommes sont peu de chose; les idées sont tout. Travaillez pour une organisation meilleure dont tous profiteront et non pour un politiquaillard médisant ou un plumitif aviné, qui vous font battre pour n'en tirer qu'un profit personnel.

Au-dessus de toutes les bassesses de l'immonde politique, au-dessus des pâles faiblesses humaines, il y a dans la pure immensité quelque chose qui réjouit le cœur et fait dresser le front c'est la douce vision du bonheur universel, possible et réalisable avec un peu plus de sagesse et de raison.

Et qu'on ne vienne plus sottement nous dire que c'est un rêve, une utopie, que nos doctrines sont inapplicables et irréalisables.

Sans doute la baguette magique qui changera tout d'un seul coup, en une minute, n'est pas dans nos mains. Nous n'avons pas le pouvoir d'une fée ou la puissance d'un saint. Nos prétentions n'aspirent pas à de si étonnantes transformations. Nous sommes au contraire de ceux qui nient, dans les réalisations économiques et sociales, les changements spontanés, les puissances occultes supérieures et invisibles, que nos adversaires -- qui ne sont pas, paraît-il, des rêveurs et des idéalistes — nous vantent comme régissant et transformant d'un geste les destinées des mondes où rien ne se meut cependant sans mouvement et sans application de force.

Oui, il est des choses peut-être impossibles à l'homme. Ce qui est impossible, c'est de parler de bonheur en perdant son temps dans la contemplation et l'inaction. On ne pourra jamais me faire croire que la fortune générale et la joie commune pourront provenir d'un abandon spirituel à des mythes, à des fictions, à des entités, dont jamais rien de palpable et de réel ne justifia l'existence.

Ce qui est impossible à l'homme, c'est de rehausser sa destinée en la remettant à des tiers supposés dans un ciel problématique, à des distances infranchissables, à des êtres qu'on n'a jamais vus, dont jamais on ne put montrer la composition, ni révéler la force.

Et c'est vous les hommes réputés sages, croyants et religieux de toutes religions, qui parlez d'utopie, de rêve, de folie, quand vous recherchez les sources du bonheur pour la terre, dans des lieux inconnus et inaccessibles, dont jamais nul ne vint, que nul ne vit ou ne fréquenta.

Rien ne se faisant sans effort, sans travail, pouvez-vous nous prouver qu'on peut trouver la satisfaction des besoins de l'humanité dans des attitudes spasmiques, des prières, des incantations, des cérémonies la plupart du temps burlesques et d'un autre âge, toutes manifestations auxquelles jamais personne n'a positivement répondu ? Quel genre de bonheur peut surgir d'une extase ou d'une prostration dont nul événement bien prouvé, dont nul phénomène clairement apparent ne vint jamais à travers les siècles, en dehors de l'hallucination concomitante, troubler ou réchauffer la froide rigidité !!

Oui, ce qui est impossible à l'homme, c'est de sortir du naturel, de rechercher le merveilleux en dehors des agitations visibles pondérables et mouvementées ; c'est de demander à je ne sais quelle puissance surprenante, un bonheur tout fait, tout fabriqué, surgissant spontanément, sans effort, sans cause, sans travail, sans utilisation de la matière et des forces humaines.

Ce qui est absurde, ce qui est criminel même ; car toute énergie, toute émulation, tout progrès en devient paralysé, c'est de croire que la félicité peut être toute fabriquée comme une sorte de fluide premier ; et qu'une puissance peut la distribuer aux hommes qu'elle a créés comme elle l'a voulu, après que le solliciteur aura perdu son temps à balbutier toute sa vie des âneries qui fatigueraient dans moins d'une heure, l'être humain ou surnaturel doué de la plus grande patience.

Cela donnerait une piètre idée de la mentalité du Dieu infiniment puissant et du séjour qu'on nous promet autour de lui.

Mais rien n'est impossible à l'homme, quand il reste sur le domaine naturel, dans le cadre des phénomènes apparents, quand il se sert du déjà vu, du connu pour améliorer et créer du nouveau en perfectionnant l'ancien, en s'aidant de toutes les découvertes et en utilisant toutes les fonctions de la nature.

Allons, gens de cœur, vous écartant de toutes les régions pestilentielles de la pensée et de la politique, venez courageusement avec nous, Socialistes, pour faire de l'économie sociale. Eloignés des viles bassesses qui tuent tous les principes, travaillons ensemble à organiser cette société, visible pour les plus conscients et où nul ne pourrait être heureux si à côté de lui d'autres pouvaient souffrir et gémir !...

Le socialisme ne saurait effrayer, parmi les républicains, que des inconscients qui auraient constamment acclamé la Liberté, l'Egalité et la Fraternité sans jamais comprendre où elles devaient conduire un jour les générations.

Voyez ce fleuve impétueux aux eaux grondantes : il roule d'une course folle et bouillonnante, tranchant bien avec la faible pétulance des petites rivières et des ruisseaux se jetant timidement dans son lit. De temps à autre il détache de ses rives quelques blocs mal assujettis qu'il engloutit, et dont la chute, insignifiante, passe inaperçue.

Mais cette impétuosité, cette houle, ce fracas ne tendent qu'à une seule chose : aller s'éteindre, mourir dans l'immensité de la grande mer bleue. Et voyez-la, cette mer : elle est profondément calme, profondément belle dans la grande clarté de l'atmosphère ; de-ci, de-là, quelques remous vite apaisés, quelques lames qui se poussent les unes les autres, mais dont l'agitation et le mouvement n'ont aucune portée, car, là-bas, au lointain, à l'horizon, il n'y a plus qu'une ligne bleue douce, nette et paisible, où se confondent deux azurs, où le ciel géant s'incline tendrement, baise la Terre et s'unit à elle.

Ce fleuve, c'est le socialisme ; les rivières et les ruisseaux qui s'y jettent, un instant effarouchés, ce sont les différents partis qui viennent fatalement se joindre à lui. La mer calme et sereine, l'aboutissant, c'est la Cité future à peine troublée dans les splendeurs de la nature en fête ; et, à l'horizon de cette Cité future toujours plus douce, toujours plus pure, toujours plus calme, le grand trait, la grande ligne unique et si nette, c'est l'idéal où nous marchons.

C'est l'Harmonie ;
C'est le Ciel uni à la Terre ;
C'est la Jérusalem de Bonheur depuis si longtemps promise aux humains ;
C'est Dieu descendu en l'Homme et l'Homme touchant à Dieu ;

C'est le Paradis céleste et le Paradis terrestre confondus en une même pénétration...

Le plus beau des rêves est réalisé symboliquement dans la nature même. Ouvrez les yeux et l'esprit, citoyens, devant la grande mer et le profond ciel bleus de l'avenir,...

AUGUSTIN JULIEN

www.ingramcontent.com/pod-product-compliance
Lightning Source LLC
Chambersburg PA
CBHW072014290326
41934CB00009BA/2075